Círculo Rojo
EDITORIAL

la historia de Daphne y lucas

La historia de Daphne y Lucas

Daphne A.M.H

Círculo Rojo

EDITORIAL

Primera edición: septiembre 2025

Depósito legal: AL 6026—2025
ISBN: 979—13—7023—254—2

Impresión y producción: Editorial Círculo Rojo

© Del texto: Daphne A.M.H
© Maquetación y diseño: Equipo de Editorial Círculo Rojo

Editorial Círculo Rojo

www.editorialcirculorojo.com

info@editorialcirculorojo.com

Impreso en España — Printed in Spain

El papel utilizado para imprimir este libro es 100% libre de cloro y, por tanto, ecológico.

Para todos aquellos que hayan amado con el alma a un animal...

¿Y si te dijera que los animales que tienen un vínculo muy fuerte con sus humanos pueden volver a ellos?

—¿Qué quieres decir exactamente con eso?

Verás, siéntate, voy a contarte una historia... Había una chica a la que le gustaban mucho los animales, un día vio un video de una perrita que habían abandonado...

El video se llamaba: "Bell, una mastina que quería morir". Ella no lo sabía, pero ese video cambió algo en ella e iba a cambiar también su vida. Tomó conciencia de la cantidad de animales que son maltratados o abandonados. Y tomó la decisión de querer ayudar a animales que estaban en esas situaciones, así que, se puso en contacto con asociaciones para ofrecerse cómo casa de acogida. Y así fue cómo comenzó todo...

—¿Casa de acogida?

Sí, así se dice. Y ahí, en esas casas están hasta
encontrar su hogar, su
familia, su sitio...

Las casas de acogida hacen una gran labor, y
mucha gente no lo sabe, pero sin ellas, muchos
animales hubieran muerto. Bueno te sigo
contando... Primero eran perros y gatos, pero
luego llegarían conejos, ovejas, gallinas y cerdos.
No importaba raza, género o especie. Un día vio
un pedido de ayuda de un cerdito bebé.

—¿Un cerdito bebé?

Sí, un cerdito bebé

—¿Cómo los que se ven en el supermercado para comer?

Sí, pero ella no se lo iba a comer, ella se había dado cuenta de que los cerdos al igual los perros sentían y tenían derecho a vivir y disfrutar de la vida. Era de color negro.

—¿Era un cerdito de los que llaman vietnamita verdad?

Sí, exacto. Completamente negro

—Vale, sigue contando

Pues eso, que vio el pedido de ayuda y no dudó en escribir para ir a buscarlo.

Le dijeron que tenía tres semanas de vida, y
que se habían desecho de la madre y de sus
hermanos, y con él
querían hacer lo mismo... El día que
fuimos a buscarlo, cuando se lo dieron
en brazos... Lo miró, cogió y abrazó
cómo hubiese mirado, cogido y
abrazado un bebé humano.

—¡¡¡Es que era un bebé!!!!

¡Exacto! Así es, era un bebé. De otra especie,
pero un bebé Le puso de
nombre Lucas y la verdad al llegar, ella no sabía
nada de cerdos, de hecho,
averiguamos que le tendría que haber dado
biberón cosa que no le dio. Pero
lo que sí que le dio desde que llegó fue amor,
seguridad e identidad.

—¿Qué quieres decir con identidad?

Con identidad quiero decir que lo trataba cómo
a alguien, no como a
algo. Tenía en cuenta sus sentimientos igual que
los tenía en cuenta con los
perros, gatos y demás animales.

—Entiendo lo que quieres decir... Lucas era
alguien no algo.

Exacto, Lucas era alguien

—¿Y qué hacían, ¿cómo era?

Bueno pues al principio te puedes imaginar,
cómo cualquier bebé dormía
mucho. Dormía en su camita o con ella
en la cama. Dormir y comer cómo cualquier
bebé

—¿Y cómo era de grande?

¡Uy!, pues cuándo llegó, ¡era más pequeño que un gato! ¡Lo podías coger con una mano! Aunque sólo se dejaba coger por Daphne. Cuando estaba entrando en la etapa digamos junior, le salió cómo una bolita de gelatina en el pito, cosa que nos asustó mucho así que fuimos enseguida al veterinario.

—Y ¿qué era?

Era cómo un tapón que se le había formado en el pito y significaba que era hora de castrarlo. Así que a los pocos días se sacó cita para castrar a Lucas.

El día de la castración al ir a recogerlo el veterinario sin dar mucha explicación, le soltó una cosa a Daphne...

— ¿Qué le dijo?

Le dijo dos cosas, la primera, que la espalda de Lucas no era normal.

—¿Qué le pasaba a su espalda?

Pues lo decía por su espalda, que tenía forma de V, y dijo que eso se llamaba era lordosis.

—¿Y la segunda?

Dijo que no viviría mucho...No sabíamos porque lo decía, pero el decir eso hizo que celebrásemos cada cumpleaños de Lucas con mucha más emoción. Se hacía una tarta especial, gorro de cumpleaños y velas por supuesto. Con el paso del tiempo, el vínculo se hacía cada vez más fuerte. Y también a medida que pasaban los años sabíamos ya más sobre cerdos, o eso creíamos... Lucas creció cómo te podrás imaginar entre perros y gatos.

Tenía una rutina marcada: Se despertaba cuándo se despertaba Daphne, luego enseguida salía al patio a hacer sus cosas. Nunca hacía sus cosas dentro, salvo cuándo llovía mucho. Si era demasiado pronto, o el día era lluvioso por supuesto que volvía a entrar para acostarse.

Suelen decir que a los cerdos les gusta embarrarse, Lucas era anti-agua total, eran caer un par de gotas y huir hacia dentro de casa para ponerse a salvo para no mojarse.

En verano, Daphne para regularle la temperatura.

— ¿Regularle la temperatura?

Sí, los cerdos no sudan por lo tanto cuando hace calor tienen que
refrescarse, por eso se meten en el barro y embarran.

—¡Ah, vale! Pero Lucas no le gustaba mojarse, ¿entonces qué hacía?

Pues ella cogía una garrafa vacía y la llenaba de agua y luego se lo echaba encima. Él sabía que eso le hacía bien y se dejaba, cuándo hacía falta claro... Con los demás humanos era bastante desconfiado. Eso Daphne lo notaba.

—¿Y cómo lo notaba?

Mira, cuando amas a alguien, se crea un
vínculo. Y en este caso había un
vínculo muy fuerte, ella con mirarlo
sabía lo que decía, lo que quería...

—¿Y con los demás animales no le pasaba?

¡Claro! Con los demás también, y por eso le
pasaba lo mismo con él.

Pero cada vínculo es distinto y la verdad es que hay vínculos muy fuertes. Y el amor no conoce de razas, especies o géneros. Cuando Lucas cumplió cuatro años teníamos el problema de que no desgataba suficientemente sus pezuñas por lo que había que encontrar una solución. Aparte le habían crecido los colmillos que también había que recortarlos un poco... Entonces bueno, lo primero que hizo Daphne es que fue comprar un variado de limas de metal en la sección de bricolaje junto con una dremel pensando que lo podría hacer ella, pero la cosa no funcionó...

—¿Por qué?

Pues porque el ruido de la dremel era muy alto
y eso le daba miedo a Lucas y con las limas no
avanzaba porque las
pezuñas eran demasiado gruesas y era
demasiado lo que había que limar ...

—Y entonces, ¿qué hizo? ¿Y por qué no pudo ir
al veterinario?

Pues ése era el problema, que llevarlo al
veterinario no era fácil, ya no era tan pequeño,
había crecido y tampoco estaba acostumbrado
al coche y veterinarios que vinieran a casa
tampoco había disponibles...

— ¿Entonces...?

Buscando y buscando le pasaron un contacto de un veterinario que vivía en otro pueblo y que estaba dispuesto a
venir. Daphne estaba contenta, pero a la vez con miedo...

—¿Por qué miedo?

Si tendría que haber estado contenta...

Porque, aunque había encontrado a un veterinario le preocupaba cómo ese veterinario iba a tratar a Lucas. Porque cuando amas a alguien y lo conoces, sabes cómo reaccionará con ciertas situaciones. Y Daphne sabía que Lucas era antisocial así que de primeras no le iba a gustar nada. No te lo he dicho pero los cerdos tienen una inteligencia cómo los niños humanos de 3 años. ver a un desconocido en el salón y con una jeringuilla con aguja de un palmo menos aún... Así que estaba preocupada...

—¡¿Aguja de un palmo?!

Sí, los cerdos tienen la piel dura, gruesa, por eso tiene que ser grande. Y había que pincharlo porque si no, no se podía hacer nada, no se dejaba...

—¿Y qué le pincho?

Pues utilizó una anestesia especial para animales

—¿Y se durmió?

No, no se durmió. Estaba cómo borracho...

—Ay... ¡pobrecito!

Sí, Daphne lo pasó mal porque claro imagínate, el panorama era: Lucas a la derecha, veterinario a la izquierda, ambos en tensión, Lucas por miedo de qué le iban a hacer y el veterinario pensando en cómo proceder...Ella notaba lo que sentía Lucas y también lo que se sentía el veterinario. Fue un momento de estrés, pero al final salió todo bien. Lucas ese día estuvo fuera de combate, pero al día siguiente se despertó cómo siempre Lucas tenía un radar con la madre de Daphne y la cocina.

—¿Un radar?

Sí, por muy silenciosa que fuera la madre de Daphne al abrir la puerta de la cocina, Lucas lo escuchaba. También defendía a Daphne

—¿Defenderla, de quién?

Verás... había una persona que vivía también con ellos y esa persona no siempre trataba ni hablaba bien a Daphne, y eso Lucas lo notaba. La cosa es que, Lucas dormía en el cuarto con Daphne junto con los demás, y si escuchaba a esa persona tocar a la puerta o esa persona se atrevía a pasar dentro de la habitación, el primero en contestar y levantarse para espantarlo era Lucas. ¿Sabes? Cada cerdo tiene su personalidad, y a contrario de lo que la gente suele pensar, son animales limpios Daphne intentaba mantenerle las pezuñas y lo consiguió, se compró unas tenazas y cuando veía que empezaban a crecer de más, se ponía a recortárselas. También aprovechaba para limpiarle los oídos.

— ¿Sin anestesia?

Sí, claro, de ella se dejaba, pero había otra vez el problema de los colmillos

—¿Qué les pasaba?

Verás, a los cerdos macho les salen los colmillos, a lar cerdas también pero no tanto cómo a los machos, y algunas veces hay que recortarlos porque pueden y se pueden hacer daño. Y eso, fue lo que pasaba, los colmillos de Lucas habían vuelto a crecer, y al tumbarse faltaba poco para que tocaran sus mofletes y causasen herida.

— ¿Entonces tuvo que llamar otra vez al veterinario?

Sí, pero dijo que no podía...

— ¿Entonces qué hizo Daphne?

Pues se puso a buscar veterinarios y le dieron el contacto de una veterinaria que le inspiraba bastante confianza... pero quedar con ella se hacía misión imposible... Entonces consiguió el contacto de otro veterinario que trataba cerdos y vino ése...

—¿Y qué pasó?

Pues pasó qué ese veterinario a pesar de decir
que había tratado cerdos se comportaba con
miedo, y eso que Lucas, aunque ya había
crecido, era de los pequeños... a comparación
con los rosas...

Hubo un momento que Daphne se tuvo que
ir a calmar a los perros que estaban en la otra
habitación, en ese momento le pincharon.
Fueron unos minutos, pero a Daphne no le
hizo gracia, porque al volver notaba que Lucas
no estaba nada bien, notaba que algo iba mal,
tampoco le estaba gustando cómo lo estaba
tratando.

Quería decirle que se fuera, pero ya le había
pinchado y entonces pensó
pues... pues seguimos... Pero las cosas no
estaban yendo cómo con otro veterinario,
empezando por la anestesia, que no fue la
misma.

Aunque Daphne le preguntó cuál iba a utilizar y
aunque no fuera la misma, y
aunque verificó que ésa también es la
que suelen utilizar... Al día siguiente
Lucas no se levantaba, al otro tampoco,
ni al otro, ni al siguiente... Daphne estaba
desesperada... El veterinario que había venido
no decía nada, se había desatendido y los demás
veterinarios no había ninguno por la labor de
venir a verle. Esos días ella no comía ni dormía.
Y a medida que pasaban los días se sentía peor...
El domingo con lágrimas en los ojos me dijo:
Si Lucas no se pone bien, no quiero tener más
cerdos. Para ella, él no era sólo un cerdo, era
como te he dicho alguien y tener a otro que no
fuera él, no era posible. Por mucho que ayudase
a los animales... no podía, porque le dolería
demasiado... La madrugada del lunes al martes,
mientras Daphne lo observaba vio que
empezaba a tener espasmos...

No te
puedo decir con palabras lo que era esa
situación sólo alguien que ha amado a
alguien y lo ve morirse, sabe lo que es... En
ese momento Daphne lo abrazó y entonces su
corazón dejó de latir...

Fue una imagen muy triste Imagínate... él en el
suelo y ella junto a él abrazándolo y llorando...
Pero en ese abrazo, pasó algo...

— ¿Qué pasó?

Daphne escuchó algo... escuchó un...:

"Estoy en la barriga"

Daphne captó el mensaje, pero no acababa de entenderlo, no entendía qué significaba.... A la vez que una parte de ella se preguntaba si había sido una
invención... Ya que había estado días sin comer ni dormir... No sabía si era una imaginación, aparte que no le encontraba sentido a lo que había escuchado...

Esa noche no pudo dormir y estuvo con el móvil, y no sé porque
visitó un perfil que hacía mucho tiempo que no visitaba. Era de una pareja que llevaban una Villa Vegana dónde también había cerdos. Su intención en ese momento no era para nada ver cerdos, pero no pudo evitar leer la última publicación que habían
publicado, ya, que le llamó bastante la atención...

—¿Y eso, por qué?

En la publicación decían que Matilda así era cómo se llamaba una de las cerdas, se había quedado
embarazada... y aparte también se dio cuenta al mirar su foto que, ¡tenía el mismo problema de la espalda que tenía Lucas!

—¿La tenía también en forma de V?

Sí, no tanto cómo Lucas, pero sí, también se veía en forma de V. Daphne no podía creerlo, no por lo de la espalda, sino porque ella sabía que esa gente estaba concienciada a lo que esterilizar se refiere por lo que se sorprendió muchísimo al leer esa noticia. Luego leyendo los comentarios averiguó que Matilda estando en celo se había escapado. Entonces, para Daphne lo de: *"estoy en la barriga"* cobró sentido. Aunque era una locura para muchas personas, para ella tenía sentido. Y todo cobró aún más sentido cuándo en los comentarios leyó que faltaban pocos días para que nacieran.

Daphne quería estar al tanto y no dejó de seguir el post. Y al día siguiente leyó que Matilda había tenido a sus hijos. Habían nacido la madrugada siguiente...

—¿Un día después de lo de Lucas?

Sí...

—¡¡Vaya!!

Después de ver eso, para Daphne todo dio un giro. Encontró significado en lo que escuchó...

Sentía que el alma de Lucas estaba en uno de esos bebés, que estaban ahí, en la barriga.

— ¿De verdad pensaba eso?

No sólo lo pensaba, lo sentía. Lucas se lo había dicho. Y no dudó en ponerse en contacto con ellos...

—¿Qué les dijo?

Les contó lo que te estoy contando...

—¿Y qué le dijeron?

Pues ella le contó que la madre de él tuvo una experiencia parecida, así que no les sonó a "locura" y la creyeron. Cuando terminó de contarles, ¿sabes lo que le dijeron?

—No... dime...

Pues que habían nacido ocho, todos de colores menos uno que era completamente negro.

—¿Nacieron al día siguiente, y de los ocho que nacieron sólo había uno negro?

Así es. Ese momento de la conversación fue muy emotivo

— ¿Pero entonces ella tenía poderes?

No exactamente... mira te explico... Hay personas que tienen una cierta sensibilidad más intensa y distinta a las demás, y perciben cosas que otras personas no ven... También recuerda que ella estaba siempre con ellos, y eso influye.

—Ya, pero los animales no hablan...

¿Cómo qué no hablan? ¡Sí que hablan! Lo que pasa que hay humanos que no los escuchan... Mira, no todas las personas pueden estar con tantos

animales de distintas especies con distintas historias conviviendo todos juntos. Aunque los gatos tenían una habitación para ellos, o los perros un sitio especifico también para ellos, podían estar todos juntos, cómo una familia. Y eso no siempre es así. La cosa es, que un conjunto de factores, en este caso su sensibilidad, el hecho de estar siempre con ellos y el vínculo, hizo y hace que sea posible que haya humanos que experimenten la comunicación animal...

—¿Comunicación animal?

Sí, así es como se llama lo que le pasó

Si Daphne no hubiera escuchado el mensaje de: *"estoy en la barriga"* y visto posteriormente lo del embarazo, no hubiera llamado a la Villa, aunque hubiese visto la noticia de Matilda, de que iban a nacer cerditos, no hubiera dicho nada si no hubiese recibido el mensaje. Fue el mensaje que escuchó lo que la motivó y dio sentido.

—¿Pudo ir a verlo?

Si por Daphne hubiese sido hubiera ido ése mismo día a buscarlo, pero no podía. Tardaría una semana, dos en poder ir a verlo.

—¿Por qué no se lo podía llevar antes?

Porque le habían dicho que era mejor esperar hasta que tuviera dos meses y medio.

—Y el día que fue a verlo, ¿qué pasó?

¿fue cómo en las películas, que la reconoció y fue corriendo hacia ella?

No, no pasó eso. Pero sí, que hubo un momento en que todos los bebés estaban por ahí jugando, y sólo Lucas y una hermana se habían quedado en el lugar que estaba Daphne. Y hablando de hermanas, le dijeron a Daphne que podía quedarse a Lucas, pero que había una condición...

—¿Cuál era esa condición?

La condición era que los daban de dos en dos. Y Daphne no contaba con dos cerditos... aparte tenía miedo de darle sin querer más amor a Lucas que, a su hermana, pero no iba a renunciar a Lucas, así que aceptó. Para Daphne el tiempo de espera se hacía eterno, pero se calmaba pensando que en éste nuevo cuerpo que tenía, en esta nueva vida tenía la oportunidad que en la otro no tuvo

—¿Cuál?

La de estar más tiempo con sus hermanos y su madre ya que esa oportunidad no la tuvo en su primer cuerpo. Y por fin llegó el día que podían venir a casa. ¿Recuerdas que te he contado que al visitarle hubo un momento en que Lucas se quedó con una hermanita ahí donde estaba Daphne, mientras los demás hermanitos estaban por ahí?

—Sí...

Pues la hermanita que se quedó con él en ese momento es la que había venido con él. Y antes de que me preguntes... No, no estaba planeado.

—¡¡Ala!!

Aceptó la condición, pero sin saber con cuál de sus hermanos vendría. Y cuando llegaron Daphne tuvo que ir por fases.

—¿Por fases? ¿por qué? ¿no se suponía que era Lucas y que los conocía?

Si, claro que era Lucas, pero verás la cosa no siempre funciona así. A veces las cosas no son enseguida tan obvias. Daphne tenía consideración y por muchas ganas que tuviera de tenerlo en la habitación cómo antes, primero los dejo en una habitación solos para que escuchasen el ruido de la casa y de los demás. Al día siguiente los sacó y puso en la habitación con ella, y los puso dentro de un parque de metal, y la tercera fase era que conociesen el jardín.

—No acabo de entender por qué lo hizo así...

Se llaman fases de adaptación y antes te
he dicho lo de consideración porque para
la hermana por ejemplo era todo nuevo, se
hubiera asustado si enseguida la hubiera puesto
con los demás, entonces pensó en ella. No iba a
sacar a Lucas con ella y dejar a su hermana en la
habitación, así que Lucas pasó también por las
fases ¿Entiendes ahora?

—Sí, entiendo.

Una vez pasadas las fases, todo era cómo antes.
Una cosa muy graciosa que pasó que no nos
dio tiempo de grabar, es que Daphne llamaba a
Lucas de una manera especial.

—¿Cómo lo llamaba?

Era cómo un apodo cariñoso. Y cuándo vio al
Lucas de ahora en el jardín, lo llamó con ese
apodo que lo salía llamar.

—¿Y qué pasó?

¡Vino corriendo cómo loco hacia ella! Nos hizo
gracia porque Daphne apenas había llamado
a Lucas en su cuerpo de ahora, de esa manera,
pero él al escucharlo reaccionó enseguida. Su
hermana estaba también con él y ella ni se
inmutó. El Lucas de ahora sabía que Daphne lo
estaba llamando a él...

—¿Y pasaron más cosas?

Pues sí, le salió el mismo tapón de gelatina que
le había salido en el otro
cuerpo, que, por cierto, se llama
esmegma. Pero esta vez no nos
asustamos porque Daphne ya sabía lo que había
que hacer. Después llamó a la Villa y escribió en
un grupo de gente que también tienen cerdos,
para preguntar si a alguien le había pasado. Pero
no le había pasado a nadie...

—¿Y Skylar?

A Skylar aún no podíamos esterilizarla porque hasta los seis meses no se pueden operar a las hembras. En cambio, a los machos a los tres meses ya se pueden. Una vez castrado había que volver a revisión pasada una semana, pero un día antes de la revisión empezó a vomitar y vomitar... Daphne enseguida contactó al veterinario. Me acuerdo de que fue un lunes, por la tarde noche. El martes seguía igual y el miércoles por la madrugada se pondría peor. Fue entonces cuando el veterinario le dijo a Daphne que lo trajera. Lo cogió en brazos y fue directa. Se quedó ingresado y Daphne volvió a casa esperando que la llamasen... Por la tarde la llamaron diciendo que no habían podido hacer nada. Vivir esa situación de nuevo era horrible.

Para Daphne era un "deja vú", una pesadilla, no entendía nada, sentía que ya nada tenía sentido... Daphne incluso pidió que le hicieran una necropsia para averiguar lo que había pasado, pero no sacaron nada en claro. La mujer de la Villa contactó con Daphne y le ofreció poder devolver a Skylar. Pero eso Daphne casi se lo tomó cómo una ofensa. A Daphne no se le había pasado ni por un segundo por la cabeza. Al revés, que Skylar estuviese significaba para Daphne que una parte de Lucas seguiría estando con ella. Y rota se refugió en Skylar, y Skylar en ella...

—¿No tenía a nadie que la animase?

No...

—¿Por qué?

Uy... pues verás, primero porque la mayoría de las personas aún son especistas

—¿Especistas? ¿Qué significa eso?

Verás, el especismo es cómo el racismo, es una clase de discriminación en dónde consideran que la vida de unos animales importa más que la de otros... Y Daphne estaba llorando por un animal que la mayoría de los humanos suelen aún comer. Pocos serían los que la entendiesen...

—Si hubiera sido un perro o un gato la hubieran entendido más...

Exacto...y luego aparte estaba el factor de que a la gente le cuesta creer en lo que no les han enseñado... Bueno, te sigo contando... Skylar y Lucas dormían en la misma habitación que Daphne, pero tenían su cama, no dormían con Daphne en la cama cómo hacía Lucas en su primer cuerpo. Pero el día de lo de Lucas, Skylar dio un salto y se subió a la cama y desde ese día empezó a dormir con Daphne en la cama.

Pasados dos meses Skylar era la niña mimada de
Daphne. Un día Daphne
estaba haciendo una sesión de fotos de los
animales y le hizo una foto a Skylar y se quedó
un rato mirando la foto que
había hecho... Le pregunté: que, ¿qué

pasaba? Que por qué se había quedado mirando
la foto... Y me respondió...

—Mírale la barriga! ¿no te parece barriga de
embarazada?

¡¿Cómo va a estar embarazada si castramos a
Lucas y estuvimos
vigilando y hasta pusimos barricada?!

Le dije...

La cosa se quedó ahí...Bueno mentira, la cosa no se quedó ahí, a Daphne a medida que pasaban los días y semanas, ya no le parecía que Skylar estuviese embarazada, sino que lo creía firmemente. Aunque nadie más lo creyese, ella creía...

—¿No la creían?

Se lo contó a dos personas, pero no la creyeron, y es que, ¿cómo iba a ser posible? Pero el tiempo le dio la razón a Daphne, y Skylar estaba embarazada. No sabemos cómo ni en que momento... Bueno...momento...sí que sabemos porque nos pusimos a investigar, resulta que el embarazo en cerdas tarda tres meses, tres semanas y tres días. Así que Daphne se puso a calcular, y tuvo que pasar después de la castración... Con esto aprendimos que, si no ha pasado más de un mes, aún castrados podían crear embarazos. Y llegó el día del parto.

Skylar estaba nerviosa buscando sitio para tener a sus bebés, echaba a todos los perros de la cama, pero aun así la cama al final no la convencía... así que trajimos paja e hicimos una cama. Una vez hecha enseguida se tumbó y a los pocos minutos empezó a dar a luz... Justamente ese día media hora antes había venido la mujer de la Villa a visitar a Daphne y estaba ahí en el momento del parto. Cuando salió el primer bebé, la mujer de la Villa y Daphne se quedaron estremecidas al ver que el primero en salir era negro.

—¿¡Negro!?

Sí, negro, completamente negro.

—¿Era Lucas verdad?

Sí, era Lucas. Y ambas lo sabían.

Después de Lucas nacieron cuatro más que
serían Emma, Benjamin, Spiky y
Lucy, tres blancos con manchas negras, una
marroncita y uno negro, Lucas. Skylar tuvo
a cinco preciosos bebés y curiosamente el
número cinco es el número de Daphne en la
numerología.

—¡Ay que historia más bonita!

Sí. Y todo volvía a tener sentido. En realidad,
siempre lo tuvo, lo que no lo veíamos...

Te he contado esta historia no para que dejes de
estar triste, porque es normal
que estés triste después de una pérdida física,
pero recuerda que lo que se "ha
ido" es el cuerpo...

Nuestra esencia, el alma, no muere. Y cómo has visto a
veces vuelven, y en la misma vida. Hay personas que lo notan y otras que no, pero eso no significa que no les suceda. Y ya no sólo te hablo del alma de los animales, sino también la de nosotros, los humanos. En otro plano que pocos ven, los que se "han ido" siguen estando, nos acompañan y protegen. Como te digo muchos no lo notan, pero están protegidos, porque los que se van nunca se van del todo… Y las almas que se han amado vuelven a reunirse, quizá en la misma vida o en otro plano, pero lo hacen.

NOTA

Esta historia, basada en hechos reales, me ha
enseñado que todo lo
que sucede, sucede por una razón.

Aunque en el momento no lo entendamos o no
lo veamos. Me ha
enseñado que la muerte no es el final, que la
reencarnación existe, que las
almas no mueren y que las almas que se aman
vuelven a encontrarse. Y
también me ha enseñado que todo está
conectado. Recordad...que el
aire existe y tampoco lo vemos...

"Sólo quién cree en la magia, está destinado a encontrarla" Roald Dahl